공부의 힘

영어명언 편

10대를 위한 성장의 말 Vol.2

영어명언 수집가 최용섭 교수가 엄선한 단단한 공부 명언 60편

최용섭 지음

영어명언 편

내 앞의 공부 질문 네 가지

공부의 기본 | 공부의 태도 | 공부의 기술 | 공부의 자신감

더메이커

여러분의 여정에
작지만 의미 있는 힘이 되기를

청소년기는 인생의 방향을 찾아가는 중요한 시기입니다. 이 시기에는 어떤 목표를 세우고, 이를 이루기 위해 어떻게 노력해야 할지 고민하게 됩니다. 이 책은 그런 고민을 가진 여러분에게 작은 길잡이가 되고자 쓰였습니다.

공부는 단순히 성적을 올리기 위한 것이 아니라, 우리에게 새로운 시각을 열어주고, 세상과의 연결을 가능하게 합니다. 제가 이 책에서 가장 중요하게 생각한 것은 독자 여러분이 각자의 공부를 통해 스스로를 발견하고 변화시킬 수 있도록 돕는 것입니다.

학생 시절, 나 역시 공부가 막막하게 느껴질 때가 많았습니다. 왜 공부해야 하는지, 어떻게 해야 할지 몰라 방황하기도 했습니다. 그러나 작은 성공과 실패를 거듭하며, 결국 공부의 본질을 깨닫게 되었습니다. 책에는 그 과정에서 얻은 고민과 배움, 그리고 삶을 바꾼 영어 명언 60편이 담겨 있습니다.

공부는 단순히 지식을 쌓는 일이 아닙니다. 우리가 배우는 모든 것은 우리의 시야를 넓히고, 삶을 더 풍요롭게 만드는 데 쓰입니다. 수학의 공식을 외우는 일도, 영어 단어를 암기하는 일도 결국에는 우리의 사고력을 키우고 세상을 이해하는 데 도움을 줍니다. 하지만 무엇보다 중요한 것은 공부를 통해 얻은 능력을 나의 삶과 연결시키는 것입니다. 여러분이 지금 배우는 것들은 단지 시험을 위한 것이 아니라, 미래의 자신을 더 멋지게 만들어줄 준비 과정입니다.

이 책은 여러분이 공부하는 과정에서 만날 수 있는 다양한 상황과 고민에 대해 함께 생각해 볼 수 있도록 구성되었습니다.

공부의 이유를 되짚어보고, 효과적으로 목표를 세우는 방법, 어려움에 부딪혔을 때 이를 극복하는 태도 등을 다루고 있습니다.

또한 공부를 더 즐겁고 효율적으로 할 수 있는 방법, 구체적인 팁, 아이디어 등을 담았습니다. 여러분이 이 책을 통해 자신의 학습 스타일과 공부의 태도를 점검하고, 조금 더 나은 방향으로 나아가는 계기를 만들었으면 합니다.

여러분은 많은 가능성을 가진 존재입니다. 청소년기는 자신이 어떤 사람인지, 무엇을 좋아하고 잘하는지를 알아가는 시기입니다. 이 책이 그 과정을 도울 수 있는 친구 같은 존재가 되기를 바랍니다.

각 글마다 담긴 질문들은 여러분이 스스로를 돌아보고, 자신의 생각을 정리하는 데 도움을 줄 것입니다. 이 질문에 성실히 답하다 보면, 어느 순간 지금보다 더 성숙한 자신을 발견하게 될 것입니다.

마지막으로, 여러분이 이 책을 통해 용기와 희망을 얻기를 바랍니다. 공부가 어렵고 때로는 지루하게 느껴질 수 있습니다. 그러나 매일 조금씩 나아가는 작은 노력들이 모여 큰 변화를 만든다는 사실을 잊지 마세요. 오늘 여러분의 노력이 내일의 멋진 자신을 만들어 줄 것입니다. 이 책이 여러분의 여정에 작지만 의미 있는 힘이 되기를 진심으로 바랍니다. 감사합니다.

이 책은 이렇게 구성했어요

공부의 기본/태도/기술/자신감을 주제로
한 주옥같은 영어 명언 60편을 담았어요.
영어 명언 음성파일을 제공합니다.
받아쓰기 등 영어 공부에 활용하세요.

영어 명언을 필사하며 마음에
새길 수 있도록 하였어요.

명언의 작자를 간단하게 소개
하고 주요 단어를 해설했어요.

〈오늘의 질문〉을 두어 글의
내용을 되새기며 자신의 공부에
적용할 수 있도록 하였어요.

* 영어 음성파일은 〈더메이커 블로그(https://blog.naver.com/tmakerpub),
공지사항〉에서 내려받을 수 있습니다.

명언을 활용한 효과적인 영어 공부법

이 책은 영어를 자연스럽고 정확하게 쓰는 방법을 익히기 위해 '베껴쓰기', '바꿔쓰기', '받아쓰기', '반복 청취'라는 네 가지 학습 방법을 제안합니다.

1. 베껴쓰기(필사)

▶ 왜 좋나요?

한국어랑 영어는 문장 구조가 달라요. 필사를 하면 그 차이를 자연스럽게 알 수 있습니다. 또한 단어 선택을 자연스럽게 익히는 데도 큰 도움이 됩니다.

▶ 어떻게 하나요?

본문의 필사란에 영어 명언을 그대로 써보세요. 필요하면, 따로 노트를 준비해서 여러 번 필사하는 것도 좋습니다.

2. 바꿔쓰기

▶ 왜 좋나요?

영어를 한국어로, 한국어를 영어로 바꿔쓰는 과정에서 자신의 실수를 발견하고 교정할 수 있습니다. 특히 문법적으로 정확하고 자연스러운 영어 표현을 훈련하는 데 효과적입니다.

이 방식은 통번역 대학원에서도 널리 활용하는 전문적인 방법으로, 초보자부터 고급 학습자까지 응용할 수 있습니다.

▶ 어떻게 하나요?

1단계: 명언을 그대로 베껴 쓰세요.

2단계: 영어 명언을 한국어로 번역해요.

3단계: 한국어를 다시 영어로 바꿔 써봐요. 이 과정에서 원래 영어 표현을 최대한 기억해내어 그대로 쓰려고 노력해야 합니다.

4단계: 마지막으로 본인이 쓴 영어 문장과 원래 영어 문장을 비교해서 다른 부분을 고쳐요.

[바꿔쓰기 훈련 예시]

A dream written down with a date becomes a goal.
A goal broken down becomes a plan.
A plan backed by action makes your dream come true. (Greg
S. Reid)

1단계: 명언을 필사하세요.

A dream written down with a date becomes a goal.

A goal broken down becomes a plan.

A plan backed by action makes your dream come true.

2단계: 영어 명언을 한국어로 바꿔보세요.

날짜를 적어놓은 꿈은 목표가 된다.

나누어진 목표는 계획이 된다. 행동으로 뒷받침된 계획은 꿈을 현실로 만든다.

3단계: 한국어 번역문을 다시 영어로 바꿔보세요.

A dream written with a date becomes a goal.

A goal divided becomes a plan.

4단계: 본인이 쓴 영어와 영어 원문을 비교하며 틀린 표현을 수정하세요.

3. 받아쓰기

▶ 왜 좋나요?

받아쓰기(영어를 듣고 그대로 받아 적기)는 영어 청취력뿐만 아니라 문법적 요소(관사, 전치사 등)와 문장 구조에 대한 이해력을 높이는 데 유용합니다. 단어 하나하나에 집중해야 하므로 영어 단어와 표현을 더욱 정확하게 익히는 데 효과적입니다.

▶ 어떻게 하나요?

출판사에서 제공한 명언 음성파일을 듣고, 들은 것을 그대로 영어로 써봐요. 받아쓴 문장을 다시 확인하면서 틀린 부분을 고쳐요.

* 영어 음성파일은 〈더메이커 블로그(https://blog.naver.com/tmakerpub), 공지사항〉에서 내려받을 수 있습니다.

4. 반복 청취

▶ 왜 좋나요?

영어 발음을 자연스럽게 익히고, 단어와 문장을 귀에 익숙하게 만듭니다.

▶ 어떻게 하나요?

등하굣길이나 잠깐의 여유 시간마다 명언 음성 파일을 반복해서 들어보세요.

5. 위에서 제시한 방법을 꾸준히 실천하세요

하루에 한 개씩 명언을 골라 텍스트와 음성 파일을 함께 활용해 보세요. 읽기, 쓰기, 듣기 능력을 고루 단련할 수 있습니다.

위 과정을 반복하며 자신만의 학습 루틴을 확립하면, 단계적으로 영어 실력이 향상됩니다.

***

이런 방식으로 꾸준히 학습한다면, 영어 문장을 이해하는 힘부터 표현력, 듣기 실력까지 균형 있게 발전시킬 수 있을 것입니다. 매일 꾸준하게 실천하는 습관이 결국 가장 큰 변화를 만들어냅니다.

contents

04   프롤로그

chapter 1
공부의 기본

20   꿈, 목표, 계획, 행동

22   왜 책을 읽어야 할까?

24   집중하는 10분의 시간

26   현재의 나에게서 멀어져야 할 것은 무엇인가

28   생각이 바뀌면 행동이 바뀐다

30   책임 회피의 결과를 회피할 수는 없다

32   장애물을 대하는 태도

34   작은 인내의 순간들을 경험하라

36   지금 당장 시작하라

38   내 미래를 아는 법

40   두려움을 없애는 방법

42   교류하고 연결하라

44   속도보다 방향

46   가장 중요한 공부를 맨 앞에 두어라

48   나쁜 습관은 인지한 순간 당장 중지해야 한다

chapter 2
공부의 태도

52   넘어졌을 때 일어나는 것은 나의 몫이다

54   마찰 없이 보석을 닦을 수 있을까

56   패배감을 내버려 두면 눈덩이처럼 불어난다

58   노력할 수 있는 것도 축복이다

60   계속 나아가라

62   자신에게 거짓말하는 습관

64   17년과 114일의 노력

66   열등감은 내가 허락한 것

68   후회와 두려움이라는 두 도둑

70   게으름은 어떤 재능도 무력화한다

72   자만을 멀리해야 하는 이유

74   불행해지는 방법

76   두려움은 극복의 대상

78   마음은 걱정거리 만들기에 창의적이다

80   자만은 성장을 멈추게 한다

chapter 3
공부의 기술

84   목적과 소원은 다르다

86   내 공부가 허둥대지 않으려면

88   내 능력의 한계를 확인해본 적이 있는가

90   힘을 한곳에 모아라

92   미루기의 결과

94   단지 시도할 뿐

96   규칙적인 공부는 힘이 세다

98   시간 관리가 핵심이다

100 표현하는 능동 공부법

102 노트 필기의 기술

104 공부는 습관이다

106 생산적인 공부 방식

108 선택과 집중

110 집중하고 집중하라

112 자기 객관화 훈련

chapter 4

공부의 자신감

116   나의 장점을 적극적으로 찾아본 적이 있는가

118   미래는 현재의 연장선이다

120   왜 현재에 최선을 다해야 할까

122   나는 멋진 사람인가?

124   자신감은 노력의 결과

126   집중적인 추진력이 필요한 순간

128   역경은 시련이자 기회

130   세상은 나의 장점에 관심이 많다

132   결코 포기하지 않는 자

134   멋진 삶을 위해서는 용기가 필요하다

136   실패가 성공한 이유입니다

138   세상을 깜짝 놀라게 하는 방법

140   성취하라! 성취하라!

142   행복이 들어오도록 문을 열어두어라

144   스물넷의 새로운 시간이 내 앞에 있다

Day 1   꿈, 목표, 계획, 행동

Day 2   왜 책을 읽어야 할까?

Day 3   집중하는 10분의 시간

Day 4   현재의 나에게서 멀어져야 할 것은 무엇인가

Day 5   생각이 바뀌면 행동이 바뀐다

Day 6   책임 회피의 결과를 회피할 수는 없다

Day 7   장애물을 대하는 태도

Day 8   작은 인내의 순간들을 경험하라

Day 9   지금 당장 시작하라

Day 10   내 미래를 아는 법

Day 11   두려움을 없애는 방법

Day 12   교류하고 연결하라

Day 13   속도보다 방향

Day 14   가장 중요한 공부를 맨 앞에 두어라

Day 15   나쁜 습관은 인지한 순간 당장 중지해야 한다

chapter 1

공부의
기본

꿈, 목표, 계획, 행동

A dream written down with a date becomes a goal.
A goal broken down becomes a plan.
A plan backed by action makes your dream come true.

Greg S. Reid

꿈을 날짜와 함께 적어 놓으면 목표가 되고,

목표를 잘게 나누면 계획이 되며,

행동으로 받쳐진 계획은 당신의 꿈을 현실로 만든다.

그레그 S. 리드

그렉 S 리드(1963-): 베스트셀러 작가이자 영화 제작자. 전문 스토리텔러로 이야기를 통해 사람들에게 성취동기를 제공하고 있다. 저서로는《실행의 힘》등이 있다.

- write down 적다
- break down 나누어지다, 고장 나다

예를 들면 "올해는 공부를 열심히 하겠어"는 단순한 희망이지만, "올 여름방학까지 영문법을 마스터하겠어"라고 하면 목표가 된다. 그러나 아직까지는 목표가 모호하다. 나의 수준에 맞는 책과 강의를 찾고, 공부 분량을 정하는 등 목표를 작은 단계로 나누어 실행 가능한 구체적인 계획으로 만들어야 한다. 그 계획을 행동으로 옮기면, 비로소 꿈은 현실이 되어간다.

. 오늘의 질문 .

올해 나의 꿈은 무엇인가?
그 꿈에 날짜를 적고, 잘게 나누어 구체적인 계획을 세워보자.

왜 책을
읽어야 할까?

The failure to read good books both enfeebles
the vision and strengthens our most fatal tendency
- the belief that the here and now is all there is.

Allan Bloom

좋은 책을 읽지 않으면 상상력을 약화시키며,

우리의 가장 치명적인 성향인,

지금 여기가 존재하는 모든 것이라는 믿음을 강화시킨다.

앨런 블룸

앨런 블룸(1930-1992): 미국의 철학가, 고전연구가. 코넬대, 토론토대, 시카고대 교수
역임.

- enfeeble 약화시키다, 쇠약하게 하다
- fatal 치명적인, 죽음을 초래하는 • tendency 성향

독서는 우리가 경험하지 못한 세상을 만나고 체험하게 해준다. 책을 통해 우리는 전혀 다른 시대와 장소, 그리고 다양한 사람들의 생각을 경험할 수 있다. 이런 경험을 통해 우리의 세계는 넓어지고 깊어진다. 이런 확장을 기반으로 상상력 또한 강화된다. 그러나 책을 읽지 않으면 상상력은 약화되고, 자신의 좁은 세계가 전부라고까지 생각한다. 이것이 좋은 책을 곁에 두고 늘 읽어야 하는 이유이다.

. 오늘의 질문 .

매일 15분 독서를 한다면, 그 시간은 언제가 좋을까?

집중하는
10분의 시간

Concentrate all your thoughts upon the work at hand.
The sun's rays do not burn until brought to a focus.

Alexander Graham Bell

당신의 모든 생각을 당면하고 있는 일에 집중하라.
태양 광선을 한 초점으로 모으기 전까지는 불을 붙일 수 없다.

알렉산더 그레이엄 벨

알렉산더 그레이엄 벨(1847-1922): 미국의 과학자, 발명가. 최초의 '실용적' 전화기의 발명가로 알려져 있다.

- concentrate on~ ~에 집중하다 • at hand 가까운, 당면한
- ray 광선, 빛 • focus 모으다, 집중하다, 집중, 초점

돋보기로 태양 광선을 집중시키면 1분도 안 돼 불이 붙는다. 그러나 초점을 한곳에 모으지 않으면 아무리 오래 비추어도 불이 붙지 않는다. 마찬가지로 아무리 오래 앉아 있어도 집중하지 않으면 어떤 결과도 만들 수 없다. 오히려 10분의 집중하는 공부가 훨씬 효과적이다. 시간을 효율적으로 사용하는 방법은 지금 해야 할 일에 온전히 집중하는 것이다. 집중하지 않은 채 성과를 내는 것은 불가능하다.

. 오늘의 질문 .

나에게 집중이 잘 되는 시간과 장소가 있는가?

현재의 나에게서
멀어져야 할 것은 무엇인가

**Man cannot discover new oceans
unless he has the courage to lose sight of the shore.**

Andre Gide

해변이 더 이상 보이지 않게 되는 것을 감수할 용기가 없다면
새로운 바다를 발견할 수 없다.

앙드레 지드

앙드레 지드(1869-1951): 프랑스의 소설가, 비평가. 1947년 노벨문학상을 수상했으며
대표작으로 《좁은문》 등이 있다.

- lose sight of~ ~이 더 이상 보이지 않게 하다, ~이 안 보이다
- shore 해안, 해변, 바닷가

변화를 위해서는 새로운 생각과 행동이 필요하다. 현재의 틀을 깨는 용기가 필요하다. 현재의 나와 단절하는 일은 쉽지 않지만, 이전과 같은 사고방식과 행동을 고수한다면 더 이상 앞으로 나아갈 수 없다. 진정한 성장은 무엇보다 현재의 익숙함을 거부하는 용기를 필요로 한다. 익숙하고 안전한 현재라는 해변을 뒤로하고 드넓은 바다로 시선을 넓히자. 변화는 바로 그 순간부터 시작된다.

. 오늘의 질문 .

변화를 위해 지금의 나에게서 멀어져야 할 것은 무엇인가?

생각이 바뀌면
행동이 바뀐다

Sow a thought, and you reap an act;
Sow an act, and you reap a habit;
Sow a habit, and you reap a character;
Sow a character, and you reap a destiny.

Charles Reade

생각을 심으면 행동을 거두고,

행동을 심으면 습관을 거두며,

습관을 심으면 성격을 거둔다.

성격을 심으면 운명을 거둘 것이다.

찰스 리드

찰스 리드(1814-1884): 영국의 작가. 대표작으로 《회랑과 벽난로》(The Cloister and the Hearth)가 있다.

- sow (씨를) 뿌리다, 심다
- reap 거두다, 수확하다
- destiny 운명, 숙명

'체력을 키워야겠어'라고 생각하면, 방법을 찾게 되고(예컨대, 하루 15분 운동) 이는 행동으로 이어진다. 운동을 지속하면, 운동이 습관이 된다. '하루 15분 운동'이 습관이 되면, 나의 성격으로 굳어지며 결국에는 성실한 사람이 맞이하게 되는 운명, 즉 성공이 나를 맞이한다. 지금까지와는 다른 삶을 살고 싶은가? 그렇다면 먼저 생각을 바꾸자.

. 오늘의 질문 .

나의 생활에 지금 심고 싶은 생각 한 가지는?

DAY
6

책임 회피의 결과를
회피할 수는 없다

It is easy to dodge our responsibilities,
but we cannot dodge the consequences of dodging
our responsibilities.

Josiah Charles Stamp

책임을 회피하기는 쉽지만
책임 회피의 결과를 회피할 수는 없다.

조시아 찰스 스템프

조시아 찰스 스템프(1880-1941): 영국의 기업인, 경제학자. 영국은행 은행장, 런던철도
의장 등을 지냈다.

- dodge 재빨리 움직이다[비키다], 회피하다
- consequence 결과, 중요함

당신이 지금 완수해야 할 책임을 회피하는 것은 어렵지 않다.
눈 딱 감고 한사코 무시하면 되니까.
그러나 책임 회피에 따른 결과까지 회피하는 것은 어렵다.
과제를 회피하면 성적 하락이 따르고,
절제를 회피하면 체력 하락을 회피할 수 없다.

. 오늘의 질문 .

최근에 책임을 회피한 적이 있다면,
그 회피의 결과는 무엇이었나?

장애물을 대하는
태도

Most of our obstacles would melt away if,
instead of cowering before them, we should make up
our minds to walk boldly through them.

Orison Swett Marden

대부분의 장애물은 그들 앞에 움츠리지 않고,
그들을 뚫고 담대하게 걸어가기로 결심한다면
서서히 사라져버릴 것이다.

오리슨 스웻 마튼

오리슨 스웻 마튼(1850-1924): 미국의 작가, 기업인. 경영하던 호텔이 불이나면서 사업
에 실패했지만 이후 베스트셀러 작가가 되었다.

- obstacle 장애, 장애물
- melt away 서서히 사라지다
- cower 움츠리다, 겁을 먹고 웅크리다

우리 앞에 놓인 장애물이 생각보다 별거 아닌 경우가 많다. 지레 겁먹고 넘어서려는 시도조차 하지 않는 게 문제다. 공부를 하다 보면 많은 장애물을 만나기 마련이다. 작정하고 끈기 있게 붙잡고 있다 보면 장애물은 생각보다 쉽게 사라진다. 장애물들을 극복하느냐 아니냐는 마음가짐에 달려 있다.

. 오늘의 질문 .

막상 해보니 생각보다 쉽게 해결한 장애물이 있는가?

작은 인내의 순간들을
경험하라

Patience can't be acquired overnight.
It is just like building up a muscle.
Every day you need to work on it.

Eknath Easwaran

인내심을 하룻밤 새에 습득할 수는 없다.

그것은 근육을 키우는 것과 같다.

매일 그것에 공을 들이는 것이 필요하다.

에크낫 이스워런

에크낫 이스워런(1910-1999): 인도의 교육자, 작가. 동서양의 정신적 지혜를 간결하게 설명하는 저서 및 강연으로 유명하다.

- patience 인내심, 참을성 • acquire 습득하다, 획득하다
- build up 증강하다, 강화하다, 키우다
- work on~ ~에 공을 들이다, ~에 애쓰다

인내심은 마음먹는다고 단번에 생기는 것이 아니다. 근육을 키우기 위해서는 매일 꾸준히 운동해야 하듯, 인내심도 지속적인 노력과 실천을 통해 생기고 강화된다. 이를 위해서는 작은 인내의 순간들을 자주 경험해야 한다. 공부를 시작한 후 처음 30분 정도는 몰입을 위한 인내가 필요하다. 독서도 인내로 앞부분을 잘 넘어가야 순조로운 독서가 이어진다. 운동도 습관이 되기 위해서는 인내의 시간이 필요하다.

. 오늘의 질문 .

나에게 인내심이 충분하다면,
지금부터 한 달 동안 인내하며 하고 싶은 것은 무엇인가?

지금 당장 시작하라

So many fail because they don't get started -
they don't go. They don't overcome inertia.
They don't begin.

W. Clement Stone

너무도 많은 사람이 시작하지 않기 때문에 실패한다
– 그들은 나아가지 않는다. 그들은 무기력을 극복하지 못하고,
시작도 하지 않는다.

W. 클레멘트 스톤

W. 클레멘트 스톤(1902-2002): 미국의 작가, 기업인. 자수성가한 기업인으로 보험 세일
즈로 시작하여, 20대 후반에 사원 1천여 명의 보험회사 사장이 되었다.

- overcome 극복하다, 이기다
- inertia 타성, 무기력

지금 당장 시작하라. 폭넓은 안목을 갖고 싶다면, 지금 당장 독서를 시작하라. 공부 지구력을 갖고 싶다면, 지금 당장 밖으로 나가 운동을 시작하라. 어제와 다른 내가 되고자 한다면 사소한 것이라도 어제와는 다른 무언가를 해야 한다.

. 오늘의 질문 .

나의 공부를 위해
지금 당장 시작해야 할 것, 한 가지는 무엇인가?

내 미래를 아는 법

The secret of your future is hidden
in your daily routine.

Mike Murdock

당신 미래의 비밀은
당신의 매일의 루틴에 숨겨져 있다.

마이크 머독

마이크 머독(1946-): 미국의 성직자, 작가. 대표작으로 《예수의 리더십 57가지 비밀》
(The Leadership Secrets of Jesus)이 있다.

- daily 매일의, 하루하루의
- routine 판에 박힌 일[일상], 일상적인

당신이 어떠한 미래를 갖게 될지 궁금하다면, 당신이 하루하루를 어떻게 보내는지를 살펴보면 된다. 매일 아침 15분의 독서 습관을 갖고 있다면, 당신은 사려 깊고 지혜로운 사람이 될 것이다. 매일 15분 운동 습관을 갖고 있다면, 머지않아 튼튼한 몸을 갖게 될 것이다.

어제도 오늘도 끈기 있게 책상에 앉아 공부하고 있다면, 다음 시험에서 좋은 성적을 얻는 것은 당연한 것 아닌가?

· 오늘의 질문 ·

하루 중 내가 가장 피해야 할 루틴 한 가지와
지금 당장 장착해야 할 루틴 한 가지는 무엇인가?

두려움을 없애는 방법

The most drastic, and usually the most effective
remedy for fear is direct action.

William Burnham

두려움에 대한 가장 과감하고 대개 가장 효과적인 해결책은
직접적인 행동이다.

윌리엄 번햄

윌리엄 번햄(1855-1941): 미국의 교육 심리학자. 특히 청소년 시기 교육에서 정신 건강
의 중요성을 강조했다.

- drastic 과감한, 급격한
- effective 효과적인, 실질적인
- remedy 해결책, 치료제

현재 당신이 가진 두려움은 무엇인가? 그 두려움은 다가오는 시험일 수도 있고, 친구와의 갈등일 수도 있다. 그 두려움에 눌려 아무것도 하지 않는다면, 두려움은 계속 커지면서 당신을 더욱더 힘들게 할 것이다. 과감하게 무엇이든 하라. 막상 행동하면 그 두려움은 실체가 없거나, 당신이 생각한 것보다 훨씬 별것 아닌 일일 것이다.

. 오늘의 질문 .

현재 당신이 가진 두려움은 무엇인가?
그 두려움을 없앨 행동 하나가 있다면?

교류하고 연결하라

What a person thinks on his own without being
stimulated by the thoughts and experiences
of the other people
is even in the best case rather paltry and monotonous.

Albert Einstein

다른 사람들의 생각과 경험에 자극받지 않은 혼자만의 생각은,

아무리 잘해봤자 시시하고 단조롭다.

알버트 아인슈타인

알버트 아인슈타인(1879-1955): 독일 출신의 미국 물리학자, 상대성이론으로 1921년 노벨물리학상을 수상했다.

- paltry 보잘것없는, 하찮은
- monotonous 단조로운, 반복하는, 되풀이하는

혼자만의 생각은 한계가 명확하다. 인간은 사회적 존재로서 다른 사람들과 다양한 경험과 아이디어를 교류해야 다채로운 생각을 할 수 있다. 또 우리보다 앞서 살았던 선조들의 생각, 경험과도 교류해야 한다. 이것이 우리가 책을 읽고, 인류의 유산을 공부하는 이유이다. 이렇게 다른 사람들의 생각과 경험에 자극받을 때, 우리는 창의적일 수 있다.

. 오늘의 질문 .

나는 어떤 방법의 교류를 선호하는가?
책을 통해서? 직접적인 교류를 통해서?

속도보다 방향

If you do not change direction,
you may end up where you are heading.

Lao Tzu

만약 당신이 방향을 바꾸지 않는다면,

결국 지금 향하고 있는 곳으로 갈 것이다.

노자

노자(571?-471? BC): 중국의 철학자. 도교를 창시했으며 《도덕경》을 남겼다.

• direction 방향, 목적, 지시
• end up 결국 ~하게 되다
• head 머리, 꼭대기, 향하다

방향이 잘못되었다는 것을 알았다면, 방향을 바꿀 줄 알아야 한다. 길을 잘못 들었다는 것을 알았는데도 방향을 바꾸지 않는다면, 내가 원하지 않는 어떤 곳에 도착해 있을 것이다. 요즘처럼 세상의 변화가 심한 환경에서는, 내가 제대로 방향을 잡고 가고 있는지 자주 살펴보아야 한다. 서두르는 것이 능사가 아니다.

. 오늘의 질문 .

지금 나의 모습 중 잘못된 방향으로
가고 있다고 여겨지는 것이 있는가?

가장 중요한 공부를
맨 앞에 두어라

**The key is not to prioritize what's on your schedule,
but to schedule your priorities.**

Stephen Covey

핵심은 당신의 일정 중에서 우선순위를 매기는 것이 아니라

우선 사항들을 일정에 넣는 것이다.

스티븐 코비

스티븐 코비(1932-2012): 미국의 교육자 및 강연자. 자기계발 분야의 세계적 인물. 한국에서도 베스트셀러가 된 《성공하는 사람들의 7가지 습관》 등의 저서가 있다.

- prioritize 우선순위를 매기다, 우선적으로 처리하다
- priority 우선 사항, 우선해야 할 일, 우선권
- schedule 일정, 스케줄, 작성하다, 예정[일정]에 넣다

당신이 일 년, 한 달, 하루 중에서 해야 할 가장 중요한 일은 무엇인가? 그걸 알았다면 그 일을 일정의 맨 위에 올려라. 그리고 실행하라. 지금 나에게 가장 중요한 공부가 무엇인지 알았다면 그 공부를 일정의 맨 앞에 올려라. 하루하루 열심히 산다고 해서 성취할 수 있는 것이 아니다. 목표를 정하고 이를 달성하기 위해 의식적으로 실천해야 성취할 수 있다.

. 오늘의 질문 .

오늘 해야 할 공부 중 가장 중요한 공부는 무엇인가?
그 공부를 내 일정의 맨 앞에 두었는가?

나쁜 습관은 인지한 순간
당장 중지해야 한다

Ill habits gather unseen degrees,
as brooks make rivers, rivers run to seas.

John Dryden

나쁜 습관은 눈에 안 보이는 정도로 점차 증가한다.
마치 시내가 강이 되고, 강이 바다로 흘러가듯이.

존 드라이든

존 드라이든(1631-1700): 영국의 시인이자 극작가. '영국 비평의 아버지'라고 불린다.

- ill 나쁜, 나쁘게
- unseen 보이지 않는, 안 보이는
- brook 개울, 시내

🌿 당신에게 나쁜 습관이 있다면, 이를 결코 가벼이 여기지 마라. 지금은 별문제 없다고 놔두면 점점 통제하기 어려워지고, 결국에는 그 나쁜 습관 때문에 돌이킬 수 없는 어려움에 처할 수 있다. 늦게 자는 습관, 탄산음료 마시는 습관 등을 그대로 두면 당신의 건강은 손을 쓸 수 없을 지경이 될 수도 있다. 나쁜 습관이라고 인지한 바로 그 순간, 당장 중지해야 한다.

. 오늘의 질문 .

지금 당장 그만두어야 할 나쁜 습관이 있는가?

Day 16   넘어졌을 때 일어나는 것은 나의 몫이다

Day 17   마찰 없이 보석을 닦을 수 있을까

Day 18   패배감을 내버려 두면 눈덩이처럼 불어난다

Day 19   노력할 수 있는 것도 축복이다

Day 20   계속 나아가라

Day 21   자신에게 거짓말하는 습관

Day 22   17년과 114일의 노력

Day 23   열등감은 내가 허락한 것

Day 24   후회와 두려움이라는 두 도둑

Day 25   게으름은 어떤 재능도 무력화한다

Day 26   자만을 멀리해야 하는 이유

Day 27   불행해지는 방법

Day 28   두려움은 극복의 대상

Day 29   마음은 걱정거리 만들기에 창의적이다

Day 30   자만은 성장을 멈추게 한다

chapter 2

공부의
태도

넘어졌을 때 일어나는 것은
나의 몫이다

A man may fall many times,
but he won't be a failure
until he says that someone pushed him.

Elmer G. Letterman

사람은 여러 번 넘어질 수 있지만,
누군가가 그를 밀었다고 말하기 전까지
그는 실패자가 아닐 것이다.

엘머 G. 레터맨

엘머 G. 레터맨(1897~1982): 레터맨 상사의 CEO로 미국의 전설적인 보험왕. 그의 영업 노하우를 담은 책《거절당한 순간 영업은 시작된다》는 2천만 부 이상의 경이적인 판매고 를 기록했다.

• fall 떨어지다, 넘어지다 • failure 실패, 실패자, 실패작

우리는 인생을 살아가면서 많은 실패를 겪는다. 기대와는 너무나 다른 성적을 받을 수 있고, 오랜 기간 준비해 온 발표를 망칠 수도 있다. 그렇지만 그 실패에 대해 남의 탓을 하지 않고 온전히 자신의 책임임을 인정해야, 우리는 배울 수 있고 앞으로 한 발짝 나아갈 수 있다. 나의 실패를 친구나 가족 등 남의 탓으로 돌리면 어떠한 발전도 불가능하다.

. 오늘의 질문 .

나의 상황을 남이나 환경 탓으로 돌린 적이 있는가?

마찰 없이 보석을
닦을 수 있을까

A gem cannot be polished without friction,

nor a man perfected without trials.

Chinese Proverb

보석은 마찰이 없으면 닦일 수 없고,

사람 또한 시련 없이는 완벽해질 수 없다.

중국 속담

- gem 보석, 보배
- polish 닦다, 윤 내다
- friction 마찰, 마찰 저항
- perfect 완벽한, 완벽하게 하다
- trial 시련, 재판

보석이 빛나기 위해서는 연마 과정이 필요하다. 마찰 없이 보석을 닦을 수 없듯이, 사람도 시련 없이 성장할 수 없다. 그 마찰(시련)을 견디고 이겨내야 한다. 공부 중에 어려운 문제를 만나는 것도 시련이다. 그 시련(어려운 문제)을 해결하기 위해 끙끙거리는 과정에서 나의 실력은 조금씩 성장한다. 그 끙끙거림을 회피한다면 어떤 성장도 기대하기 어렵다. 인생에서의 도전과 역경은 성장의 기회다.

. 오늘의 질문 .

현재 나에게 어떤 시련이 있는가?
그 시련은 결국 당신을 성장으로 이끌 것이다.

패배감을 내버려 두면
눈덩이처럼 불어난다

Failure is a feeling long before it becomes
an actual result. It's vulnerability that breeds with
self-doubt and then is escalated,
often deliberately, by fear.

Michelle Obama

패배감이란 실제 결과가 나오기 훨씬 전에 느끼는 감정입니다.
그것은 자기 의심과 함께 자라는 취약함이며,
그리고 자주 두려움에 의해 천천히 커집니다.

미쉘 오바마

미쉘 오바마(1964-): 변호사, 미국의 제44대 대통령 버락 오바마의 배우자로 미국 최초의 아프리카계 영부인이다. 프린스턴대에서 사회학을 전공한 후 하버드 로스쿨에서 박사학위를 받았다.

- vulnerability 취약성, 취약함
- breed 낳다, 양육하다, 증식하다
- escalate 차츰 오르다[커지다]
- deliberately 고의로, 천천히

일에서 자주 실패를 맛본 사람들은 둘 중 하나의 길을 택한다. 하나는 결과가 나오기 전에 패배감에 휩싸여 최선을 다하지 못하는 것이고, 다른 하나는 이전의 많은 실패에도 불구하고 매번 최선을 다하는 것이다. 전자를 택한다면 계속되는 실패가 있을 뿐이며, 후자를 택한다면 지난 실패는 경험이 되어 결국 성공으로 이끌 것이다. 여러분은 어떤 길을 택할 것인가?

. 오늘의 질문 .

패배감을 떨쳐내는 나만의 방법이 있는가?

노력할 수 있는 것도
축복이다

I once cried because I had no shoes
to play football with my friends,
but one day I saw a man who had no feet,
and I realized how rich I am.

Zinedine Zidane

언젠가 나는 친구들과 축구를 할 수 있는 신발이 없어서

운 적이 있다. 그러나 어느 날 발이 없는 사람을 보고,

내가 얼마나 부유한 사람인지를 깨달았다.

지네딘 지단

지네딘 지단(1972-): 프랑스의 축구선수, 감독. 알제리계 노동자 집안에서 태어났다. 프랑스를 대표하는 축구선수이자, 명선수는 명감독이 될 수 없다는 편견을 깨뜨린 인물이기도 하다.

• feet foot(발)의 복수

남들과 비교하여 가진 것이 적다고 의기소침하지 말라. 큰 노력 없이 좋은 결과(성적)를 얻는 것은 불가능하지만, 당신은 노력하면 성공할 수 있을 만큼은 충분히 가지고 있다. 가진 것이 적다고 한탄하며 보낼 텐가, 아니면 내가 가진 것을 소중히 여기며 더 발전시키고 늘린 텐가.

· 오늘의 질문 ·

내가 가진 것 중 더 발전시키고 싶은 것이 있는가?

계속 나아가라

Many of the great achievements of the world were accomplished by tired and discouraged men who kept on working.

Anonymous

세상의 많은 위대한 업적은
지치고 낙담했지만 계속 일한 사람들이 이루어낸 것이다.

작자 미상

- achievement 업적, 성취
- accomplish 완수하다, 성취하다, 해내다
- discourage 낙담시키다, 용기를 잃게 하다
- keep on ~ing 계속 ~하다

공부하는 과정에서 실패, 좌절 같은 어려움을 마주하기 마련이다. 이런 고난은 공부하는 사람이라면 누구나 경험하는 자연스러운 과정이며 피할 수 없는 공부의 일부이다. 그럼에도 불구하고 포기하지 않고 끈기 있게 계속 나아가는 자만이 결국 성취할 수 있다. 나보다 앞서 성공했던 모든 사람들이 이러한 인내의 과정을 거쳐 갔다. 당신도 그들처럼 오늘 하루를 인내할 수 있다.

. 오늘의 질문 .

어려움의 순간을 회피하지 않고 맞서는 나만의 방법이 있는가?

자신에게 거짓말하는 습관

Lying to ourselves is more deeply ingrained
than lying to others.

Fyodor Dostoyevsky

우리 자신에게 거짓말하는 것이
남들에게 거짓말하는 것보다 더 깊이 몸에 배어 있다.

표도르 도스토옙스키

표도르 도스토옙스키(1821-1881): 러시아의 대문호. 대표작으로 《카라마조프의 형제
들》, 《죄와 벌》 등이 있다.

• ingrained 뿌리 깊은, 뿌리 박혀 있는, 깊이 몸에 밴

오늘 해야 할 일을 하지 않고 미룬다. 내일은 꼭 하겠다고 결심하지만, 내일이 되면 또 다음날로 미룬다. 미루기를 반복한다. 스스로에게 거짓말을 반복하는 것이다.

이것을 반복하면 원하는 성적을 얻을 수 없고, 원하는 삶을 살 수도 없다. 이는 우리 모두가 알고 있는 사실이지만, 당신은 그럼에도 불구하고 '나는 잘될 거야'라며 스스로에게 거짓말을 하고 있지는 않은가?

. 오늘의 질문 .

내가 나에게 자주 하는 거짓말이 있는가?
그 거짓말을 하는 이유는 무엇인가?

17년과 114일의 노력

I start early and I stay late, day after day, year after year,
it took me 17 years and 114 days to become
an overnight success.

Lionel Messi

나는 일찍 시작하고 늦게까지 머뭅니다. 날마다, 해마다.
하룻밤 사이에 성공하게 되기까지 17년과 114일이 걸렸습니다.

라이오넬 메시

라이오넬 메시(1987-): 아르헨티나의 축구선수. 축구 역사상 최다 공격포인트, 최다 우
승 기록자. 발롱도르와 FIFA 올해의 선수 최다 수상자이기도 하다.

• overnight 하룻밤 사이의, 밤사이에

메시는 어느 날 혜성처럼 등장하여 곧바로 최고의 축구선수라는 명예를 거머쥐었다. 하지만, 그의 성공이 하룻밤 사이에 이뤄진 것은 아니다. 메시는 자신의 성공에 "17년과 114일이 걸렸다"고 말한다. 축구 역사상 최고의 천재지만, 그의 성공은 수십 년에 걸친 노력의 산물이다. 타고난 재능으로 그냥 최고가 된 것이 아니다. "일찍 시작하고 늦게까지 머무는 노력" 없는 성공이 가능하기는 한가?

. 오늘의 질문 .

성공을 위해 더 필요한 것은 재능일까, 노력일까?
내 생각은?

열등감은 내가 허락한 것

No one can make you feel inferior
without your consent.

Eleanor Roosevelt

열등감은 당신의 동의 없이는 결코 생길 수 없다.

엘리너 루스벨트

엘리너 루스벨트(1884-1962): 미국의 32대 대통령인 프랭클린 D. 루스벨트의 부인이자
인권운동가. 유엔 인권위원회 위원장으로 1948년 <세계인권선언>이 채택되는 데 결정적
역할을 했다.

- inferior 열등한, 아래의, 하급자
- consent 동의, 동의하다

열등감은 다른 사람이 강제로 나에게 심을 수 없다. 만약 내가 열등감을 느낀다면, 이는 나 스스로 그렇게 생각하기 때문이다. 스스로 당당하다면 내가 가진 단점들 역시 열등감으로 바뀌지 않는다. 누구에게나 단점은 있다. 그 단점을 꼭 극복해야 하는 것도 아니다. 나의 단점이 내가 열등하다는 것을 말하는 것도 아니다.

나는 나의 주인이며, 모든 것은 나에게 달려 있다.

. 오늘의 질문 .

나에게 열등감이 있다면, 그 열등감은 어떻게 생겼는가?

후회와 두려움이라는
두 도둑

Many of us crucify ourselves between two thieves
– regret for the past and fear of the future.

Charles Fulton Oursler

많은 이들은 두 도둑들, 과거에 대한 후회와 미래에 대한
두려움 사이에서 스스로를 괴롭힌다.

찰스 풀턴 아워슬러

찰스 풀턴 아워슬러(1893-1952): 미국의 극작가, 편집자. 《스파이더》 등의 작품을 썼고,
리더스 다이제스트의 편집자를 지냈다.

- crucify 학대하다, (몹시) 괴롭히다
- thief 도둑

새로운 나로 거듭나려면 내 안에 자리 잡은 후회와 두려움을 떨쳐 내야 한다. 과거에 대한 후회는 자신감을 갉아먹고, 미래에 대한 두려움은 나를 위축시키기 때문이다. 이들은 다른 누군가가 나에게 가하는 것이 아니라 내가 스스로 만들어낸 괴로움이다. 그렇기에 마음가짐만 바꾸면 언제든지 떨쳐낼 수 있다. 오늘이 바로 그런 마음가짐을 가질 때이다.

. 오늘의 질문 .

최근에 후회와 두려움으로 나를 괴롭힌 적이 있는가?
있다면 각각 하나씩 예를 들어보자.

게으름은 어떤 재능도
무력화한다

Of all our faults that which we most readily admit
is idleness: we believe that it makes all virtues
ineffectual, and that without utterly destroying,
it at least suspends their operation.

François de la Rochefoucauld

우리의 모든 결함 중에서 우리가 가장 기꺼이 인정하는 것은
나태함이다. 나태함은 우리의 모든 장점을 무력하게 하고,
이를 완전히 없애지 못한다면, 적어도 우리의 활동을
일시적으로 중단시킨다.

프랑소와 드 라 로슈프코

프랑소와 드 라 로슈프코(1613-1680): 프랑스의 작가. 많은 잠언을 남겼고 프랑스 역사
상 가장 위대한 잠언 작가로 불린다.

- idleness 게으름, 나태함 • virtue 미덕, 장점
- utterly 완전히 • suspend 매달다, 중지[중단]시키다

당신이 아무리 재능이 많고 좋은 목적을 가지고 있더라도 게으름을 피우고 있다면, 당신이 할 수 있는 것은 아무것도 없다. "공부도 재능"이라는 말을 많이 하지만, 노력이 뒷받침되지 않은 재능은 꽃피우기 어렵다. 당신에게는 많은 재능이 잠재되어 있다. 당신이 행동함으로써 잠재된 재능을 끄집어내야 한다. 공상만 하고 있다면 그중 어떤 것도 세상에 드러나지 못한 채 사라지고 만다.

. 오늘의 질문 .
부지런을 떨어 드러내야 할 나의 재능 한 가지는?

자만을 멀리해야 하는 이유

Talent is God given. Be humble. Fame is man-given.
Be grateful. Conceit is self-given. Be careful.

John Wooden

재능은 하나님이 준 것이다. 겸손하라.

명성은 사람이 준 것이다. 감사하라.

자만은 스스로 준 것이다. 조심하라.

존 우든

존 우든(1910-2010): 미국의 농구 선수 및 코치. 선수와 코치의 두 부문으로 농구 명예
의 전당에 오른 최초의 인물이다.

- talent 재능, 재능있는 사람 • humble 겸손한, 보잘것없는
- grateful 고마워하는, 감사하는 • conceit 자만, 자부심

🌿 재능은 노력으로 얻은 것이 아니기 때문에, 재능이 있다고 잘난 체 말라. 명성은 다른 사람들이 당신을 높게 평가함으로써 얻은 것이니, 그들에게 감사해야 한다. 자만은 '자신을 스스로 뽐내며 자랑하여 거만하게 구는 것'이니, 스스로 조심해야 한다.

. 오늘의 질문 .

자만한 적이 있는가? 그 결과는 어땠는가?

불행해지는 방법

You drown not by falling into a river,
but by staying submerged in it.

Paulo Coelho

물에 빠져서가 아니라,
물속에 가라앉은 채로 있기 때문에 익사하는 것이다.

파울로 코엘료

파울로 코엘료(1783-1859): 브라질 출신의 세계적인 작가. 대표작 《연금술사》는 전 세계
적으로 큰 인기를 끌었다. 삶과 꿈, 운명에 대한 철학적 메시지를 담은 글쓰기로 유명하다.

- drown 익사하다
- submerge 물속에 잠기다[잠그다]

커다란 잘못이나 실수를 했다고 해서 삶이 곧바로 불행해지는 것은 아니다. 실수로 문제가 생겼는데, 만회하려는 시도는커녕 아무것도 하지 않은 채 있기 때문에 불행해진다.

실망스러운 성적이 문제가 아니다. 성적이 떨어졌다고 당장 큰일이 나는 것도 아니다. 이를 만회할 기회는 얼마든지 있다.

. 오늘의 질문 .

지금 나에게 어떤 문제가 있는가?
그 문제를 해결하기 위해서 필요한 행동 하나는?

두려움은 극복의 대상

Fear is the brain's way of saying there is something
important for you to overcome.

Ginny Dye

두려움은 극복해야 할 중요한 어떤 것이 있다는 것을
알려주는 뇌의 방식이다.

지니 다이

지니 다이(?-): 미국의 작가. 남북전쟁을 배경으로 한 역사 소설 시리즈인 '브레그단 연대기(Bregdan Chronicles)'로 유명하다.

- fear 두려움, 공포
- overcome 극복하다

예컨대 당신이 영어에 두려움을 가지고 있다면 그것은 당신의 뇌가 영어를 극복해야 할 대상으로 인지하고 있다는 신호다. 영어를 절대 잘할 수 없어서 두려움을 느끼는 것이 아니라는 의미이다. 그러니 영어에 대한 두려움은 영어를 공부하면서 자연스럽게 극복해 나갈 수 있다.

. 오늘의 질문 .

당신이 최근에 가장 두려움을 느끼는 것은 무엇인가?

마음은 걱정거리 만들기에 창의적이다

The mind is ever ingenious in making
its own distress.

Oliver Goldsmith

마음은 스스로의 걱정거리를 만들어 내는 데 있어서
언제나 창의력이 뛰어나다.

올리버 골드스미스

올리버 골드스미스(1730-1774): 영국의 작가. 대표작은 《The Vicar of Wakefield》(웨이크필드의 목사), 《The Deserted Village》(황폐한 마을) 등이 있다.

- ingenious 기발한, 창의력이 뛰어난
- distress 고통, 걱정거리

우리의 마음은 매우 자주 근거 없이 걱정하고, 상대를 오해한다. 특히 우리가 의기소침해져 있을 때는 더욱 그렇다. 세상이 무너질 것처럼 걱정했지만 별것 아닌 경우가 허다하지 않은가? 우리의 마음은 원래가 그런 존재이니 탓할 필요는 없다. 다만 가급적 긍정적으로 생각하는 것이 현명하다.

. 오늘의 질문 .

요즘 내 걱정거리는 무엇인가?
그 걱정거리를 긍정적으로 생각해 본다면?

자만은 성장을
멈추게 한다

A conceited person never gets anywhere because
he thinks he is already there.

Anonymous

자만하는 사람은 자신은 이미 그곳에 도달해 있다고
생각하기 때문에 결코 아무 데도 갈 수 없다.

작자 미상

- conceited 자만하는 / conceit 자만심
- anonymous 익명의, 작자 미상의

친구들보다 조금 낫다고 자만하는 사람이 있다. 자신은 이미 자랑할 만한 높은 곳에 도달해 있다고 착각하는 것이다. 그러니 자만에 빠지면 더 무엇을 하려고 노력하지 않게 된다. 노력하지 않으니 성장도 그 자리에서 멈추게 된다.

. 오늘의 질문 .

나는 자만한 적이 있는가?
자만했을 때 나의 태도는 어떠했는가?

Day 31   목적과 소원은 다르다

Day 32   내 공부가 허둥대지 않으려면

Day 33   내 능력의 한계를 확인해본 적이 있는가

Day 34   힘을 한곳에 모아라

Day 35   미루기의 결과

Day 36   단지 시도할 뿐

Day 37   규칙적인 공부는 힘이 세다

Day 38   시간 관리가 핵심이다

Day 39   표현하는 능동 공부법

Day 40   노트 필기의 기술

Day 41   공부는 습관이다

Day 42   생산적인 공부 방식

Day 43   선택과 집중

Day 44   집중하고 집중하라

Day 45   자기 객관화 훈련

chapter 3

공부의
기술

목적과 소원은 다르다

A great minds have purposes; little minds have wishes.
Little minds are subdued by misfortunes;
great minds rise above them.

Washington Irving

위대한 정신에는 목적이 있으며, 작은 정신에는 소원이 있다.
작은 정신은 불행에 정복되지만, 위대한 정신은 불행을 넘어선다.

워싱턴 어빙

워싱턴 어빙(1783-1859): 미국의 작가. 미국인으로서는 처음으로 국제적 명성을 얻은
작가로 미국 문학의 아버지로 불린다.

- subdue 정복하다, 진압하다
- misfortune 불행

성취하는 사람은 분명한 목적이 있고 이를 실현하기 위해 노력하는 사람이다. 목적이 분명하기 때문에, 불행이 닥치더라도 흔들리지 않고 불굴의 의지로 결국 이를 넘어설 수 있다. 반면 성취가 없는 사람은 목적 없이 그때그때 바라는 것만 있을 뿐이다. 막연한 소원은 자그마한 어려움에도 쉽게 사라진다.

. 오늘의 질문 .

내가 인내하며 공부하는 목적 하나를 적어보자.

내 공부가 허둥대지
않으려면

Many people flounder about in life because
they do not have a purpose,
an objective toward which to work.

George Halas

많은 사람이 인생에서 허둥대는 이유는 목적,
즉 일의 목표가 없기 때문이다.

조지 할라스

조지 할라스(1895-1983): 미국의 미식축구 선수, 감독. 시카고 베서즈의 명감독이자 구
단주이기도 하다.

• flounder 발버둥치다, 허둥대다

삶을 살면서 분명한 목표가 없다면, 열심히 한다 해도 의미 있는 결과를 얻기 어렵다. 공부도 마찬가지다. 공부 목표가 분명해야 의미 있는 성과를 거둘 수 있다. 구체적 목표가 없다면 집중하기 어렵고, 그러다 보면 공부에 최선을 다할 수 없다. 그냥 '열심히 해야지'가 아니라, '이번 시험에는 O등 안에 들겠어'처럼 목표가 구체적이어야 한다.

. 오늘의 질문 .

이번 주 나의 구체적인 목표는 무엇인가?

내 능력의 한계를
확인해본 적이 있는가

Once we accept our limits, we go beyond them.

Albert Einstein

일단 우리가 우리의 한계를 받아들이면,

우리는 그 한계 너머로 갈 수 있다.

알버트 아인슈타인

알버트 아인슈타인(1879-1955): 독일 출신의 미국 물리학자, 상대성이론으로 1921년 노벨물리학상을 수상했다.

- once 일단 ~하면, 이전에, 한 번
- beyond ~ 너머, ~ 지나, ~ 이상

 내 능력의 한계를 확인해본 적이 있는가?

이번 시험에서 내가 할 수 있는 최선을 다해 공부해보자. 그 시험의 결과가 현재 내가 가진 공부 능력의 한계이다. 그다음에는 이번에 공부했던 방식을 조금씩 수정하여 나가면 된다.

자신의 한계를 파악하고 있지 못하면, 자기 능력을 과대평가하거나 과소평가하기 쉽고, 그러면 어떠한 진전도 있을 수 없다.

. 오늘의 질문 .

시험에서 내가 할 수 있는 최선을 다해본 적이 있는가?
그 결과는 어땠는가?

힘을 한곳에 모아라

One reason so few of us achieve what we truly want
is that ⋯ we never concentrate our power.
Most people dabble their way through life,
never deciding to master anything in particular.

Anthony Robbins

진정 원하는 것을 이루는 사람이 거의 없는 이유 중 하나는 ⋯
우리의 힘을 집중하지 않기 때문이다.
대부분의 사람은 평생 동안 이것저것 해보면서
어떤 특정한 하나에 정통하려고 마음먹지 않는다.

앤서니 로빈스

앤서니 로빈스(1960-): 미국의 작가, 강연가. 세계적으로 유명한 동기부여 전문가이다.

• dabble 잠깐 해보다, 첨벙거리다

세상에는 하고 싶은 일들이 너무나 많다. 디자이너도 되고 싶고, 유튜버도 되고 싶고, 외교관도 되고 싶고 … . 그러나 우리의 능력과 에너지는 한정적이기 때문에 어느 하나에 집중하지 않고서는 아무것도 이룰 수 없다. 재능이 많아도 힘을 분산하면 원하는 것을 이루기 어렵다. 재능이 다소 부족해도 힘을 한곳에 모으면 원하는 것을 이룰 수 있다. 선택하고 집중하라.

. 오늘의 질문 .

집중하고 싶은 나의 재능은 무엇인가?

미루기의 결과

You cannot escape the responsibility of tomorrow
by evading it today.

Abraham Lincoln

오늘은 회피한다고 해도 내일의 책임을 피할 수는 없다.

에이브라함 링컨

에이브라함 링컨(1809-1865): 미국의 제16대 대통령. 재임 시 노예 해방을 이루었고 남북전쟁에서 북군을 승리로 이끌었다.

- escape 피하다, 회피하다, 탈출하다
- responsibility 책임, 책무
- evade 피하다, 회피하다

오늘 해야 할 일을 하지 않는다고 해서 당장 큰일이 나는 것은 아니다. 읽어야 할 책을 읽지 않고, 해야 할 과제를 하지 않는다고 해도 오늘 당장은 넘어갈 수 있다. 그러나 오늘 일을 내일로 미루고, 내일 일을 또 그다음 날로 미루다 보면, 결국 커다란 불행만이 내 앞에서 기다리고 있을 것이다.

. 오늘의 질문 .

나는 미루는 편인가?
최근에 해야 할 일을 미룬 것은 무엇인가?

단지 시도할 뿐

All you have to do is try. And to me,
the worst kind of defeat is not failure per se.
It's the decision not to try.

Novak Djokovic

당신이 해야 할 것은 시도하는 것뿐입니다.

그리고 나에게 가장 나쁜 종류의 패배는 실패 그 자체가 아닙니다.

그것은 시도하지 않기로 한 결정입니다.

노박 조코비치

노박 조코비치(1987-): 세르비아의 테니스 선수. 21세기 남자 테니스계의 황금기를 이끈 인물로, 그랜드슬램 남자 단식 역대 최다 우승 기록을 보유하고 있다.

• per se 그 자체, 그 자체로는

우리는 인생에서 많은 선택을 하며 살아간다. 그중에서 최악의 선택은 게으름, 귀찮음, 실패에 대한 두려움 등 때문에 해야 할 일을 하지 않기로 하는 선택이다. 아무것도 하지 않은 채 삶을 낭비하는 것보다는, 시도하고 실패하는 것이 훨씬 낫다. 실패는 우리 삶 곳곳에 있으며, 우리는 그 실패에서 배워야 한다.

. 오늘의 질문 .

최근에 조금 두렵지만 시도한 것이 있는가?

규칙적인 공부는
힘이 세다

Monotony is the law of nature.
Look at the monotonous manner in which the sun rises.
The monotony of necessary occupation is
exhilarating and life giving.

Mahatma Gandhi

단조로움은 자연의 법칙이다.

해가 떠오르는 단조로운 방식을 보라.

필요한 일을 단조롭게 하는 것이야 말로 기운을 돋우며

생명을 부여하는 행위이다.

마하트마 간디

마하트마 간디(1869-1948): 인도의 정치가. 인도 건국의 아버지로 식민지 인도의 독립
을 위해 비폭력 및 불복종 운동을 전개했다.

• monotony 단조로움 • occupation 업무, 일, 점유, 점령
• exhilarating 기운[기분]을 돋우는, 활기를 불어넣는

해가 매일 같은 방식으로 떠오르듯이, 자연은 단조로운 반복을 하며 생명과 조화를 유지한다. 단조롭게 보이는 반복적인 행동이 실제로는 삶의 에너지를 돋우고 생명을 유지시키는 핵심이라는 뜻이다. 규칙적인 식사, 운동, 수면 등 단조로운 일상 습관이 건강과 활력을 유지해 준다. 규칙적이고 단조로운 공부가 나의 공부를 앞으로 나아가게 한다.

. 오늘의 질문 .

내 공부가 규칙적이지 않다면,
규칙적인 공부를 방해하는 한 가지는?

시간 관리가 핵심이다

**Until we can manage time,
we can manage nothing else.**

Peter Drucker

시간을 관리할 수 있을 때까지는
우리는 그 밖의 어떤 것도 관리할 수 없다.

피터 드러커

피터 드러커(1909~2005): 미국의 경영학자. 현대 경영학을 창시하고 체계적으로 수립한 학자로 평가받고 있다. 저서로 《경영의 실제》 등이 있다.

• manage 관리하다, 경영하다

시간 관리가 안 되면, 다른 어떤 것도 관리할 수 없다. 시간을 효율적으로 사용했을 때, 내가 목표한 것(성적)에 닿을 수 있다.

유튜브나 게임을 하느라 필요한 시간의 절반도 공부를 못했다면 당연히 좋은 성적이 나올 수 없다. 시험 준비하려고 책상에 앉았는데 책상 정리한다고 시간을 한참 보내는 것은 효율적인 시간 관리가 아니다. 청소는 시험 끝나고 해도 충분하다.

. 오늘의 질문 .

나의 공부 시간을 갉아먹는 습관 세 가지는?

표현하는 능동 공부법

You ought to be able to state your plan in a few
succinct sentences, ⋯ Knowledge is essential,
but it's the ability to communicate this knowledge
that separates the winners from the losers.

Virgil

당신은 당신의 계획을 간결한 문장 몇 개로 진술할 수 있어야 한다,
⋯ 지식은 필수적이지만, 이 지식을 전달하는 능력이
승자와 패자를 나눈다.

베르길리우스

베르길리우스(70-19 BC): 로마의 시인. 최고의 라틴어 문학가라고 불리며, 특히 그의
《아이네이스》는 유럽 문학 전반에 막대한 영향을 끼쳤다.

- succinct 간결한, 간단명료한
- essential 필수적인, 매우 중요한

지식을 쌓는 것도 중요하지만 어떻게 지식을 표현하고 전달하느냐
도 그에 못지않게 중요하다. 아니 오히려 더 중요하다. 지식을 쌓았다
면, 그 지식을 표현하고 사용할 줄 알아야 한다.

배운 것을 꺼내서 설명하고 전달하는 공부까지 가야 제대로 공부했다
고 할 수 있다.

. 오늘의 질문 .

내가 배운 것을 다른 사람에게 설명해 본 적이 있는가?
없다면 오늘 당장 가족이나 친구에게 설명해 보자.

노트 필기의 기술

Note-taking is not just a record, it's a technique for organizing thoughts and summarizing important information.

James Paul Gee

노트 필기는 단순한 기록이 아니라,
생각을 정리하고 중요한 정보를 요약하는 기술이다.

제임스 폴 게

제임스 폴 게(1948~): 미국의 언어학자. 스탠포드대학 등에서 오랜 기간 언어학을 가르쳤다. 저작으로 《인간이란 무엇인가? 언어, 마음, 그리고 문화》(What is a Human? Language, Mind and Culture)가 있다.

• note-taking 노트 필기
• organize 정리하다

공부를 잘하는 가장 직접적 방법의 하나가 노트 필기다. 선생님이 말한 것을 그대로 옮겨 적는 것이 아니라, 핵심 내용을 파악하고 이를 정리하는 훈련을 하라. 핵심을 파악하여 정리하는 노트 필기는 생각을 정리하는 행위이기도 하다. 적은 시간 공부하면서도 높은 성적을 얻을 수 있는 '효율적인 공부'는 노트 필기로부터 시작된다.

. 오늘의 질문 .

나만의 노트 필기 방식이 있는가?

41

공부는 습관이다

Motivation is what gets you started.
Habit is what keeps you going.

Jim Rohn

동기부여는 당신을 시작하게 하는 것이다.
습관은 당신을 계속 나아가도록 하는 것이다.

짐 론

짐 론(1930-2009): 미국의 기업인, 강연가. 자수성가하여 백만장자가 되었고 그의 실제 경험을 바탕으로 많은 강연 활동을 펼쳤다.

• motivation 자극, 동기부여

외적 자극 또는 내적 각성이 동기부여가 되어 공부를 시작했다면, 이를 꾸준히 지속하여 습관으로 만드는 데까지 나가야 한다. 그렇지 않으면 긍정적인 변화를 만들어 내지 못한다. 공부는 습관이다.

. 오늘의 질문 .

꾸준히 지속하여 습관으로 만들고 싶은 것 한 가지는 무엇인가?

생산적인 공부 방식

Focus on being productive instead of busy.

Tim Ferriss

바쁜 것이 아닌 생산적인 것에 집중하라.

팀 페리스

팀 페리스 (1977~): 미국의 작가. 스탠포드대학에서 동아시아문명학을 공부하고 기업가
및 작가로 활동하고 있다. 저서로 베스트셀러 《타이탄의 도구들》이 있다.

- focus on ~에 집중하다
- productive 생산적인

책상에 오래 앉아있지만 성적이 좋지 않다면? 이는 나의 공부가 생산적이지 않아서 그렇다. 불필요한 것이나 우선순위가 낮은 공부에 시간과 에너지를 많이 쓴다면 내 공부가 생산적일 수 없다. 생산적인 공부란 무엇일까? 바로 목표를 이루는 데 꼭 필요한 것을 찾아내고, 그곳에 시간과 에너지를 집중하는 공부이다. 그러지 않고 단지 책상에 오래 앉아만 있다면 건강만 해칠 뿐이다.

. 오늘의 질문 .

내 공부가 생산적이기 위해 꼭 필요한 것
세 가지는 무엇인가?

선택과 집중

Those who occupy their minds with small matters, generally become incapable of greatness.

Francois de La Rochefoucauld

작은 문제들로 자신의 마음을 채우는 사람들은,
대개 위대하게 되는 것이 불가능하다.

프랑소와 드 라 로슈프코

프랑소와 드 라 로슈프코(1613-1680): 프랑스의 작가. 많은 잠언을 남겼고 프랑스 역사상 가장 위대한 잠언 작가로 불린다.

- occupy 차지하다, 점령하다
- generally 대개, 일반적으로
- incapable 될 수 없는

사소한 것에 너무 신경 쓰지 말라. 우리의 능력은 한정되어 있기에 삶에는 우선순위가 필요하다. 중요한 것에는 더욱 집중하고, 중요하지 않다고 생각하는 것은 과감하게 무시하자. 머릿속이 사소한 것들로 가득 차 있으면, 정작 중요한 일은 할 수 없다. 공부도 마찬가지다. 에너지가 있을 때 중요한 공부를 선택하고 그것에 집중해야 한다.

. 오늘의 질문 .

이번 주에 내가 선택하고 집중해야 할 공부는 무엇인가?

집중하고 집중하라

To be able to concentrate for a considerable time is
essential to difficult achievement.

Bertrand Russell

상당한 시간 동안 집중할 수 있는 것이
어려운 성취에 필수이다.

버트런드 러셀

버트런드 러셀(1872-1970): 영국의 수학자, 논리학자, 철학자, 평화운동가. 1950년 노벨
문학상을 수상했으며, 대표작으로 《서양철학사》, 《행복의 정복》 등이 있다.

- concentrate 집중하다, 농축하다
- considerable 상당한, 많은

중요한 일을 완수하고자 한다면, 무엇보다 장시간 집중할 수 있는 능력을 키워야 한다. 목표하는 바가 크면 클수록 이런 능력은 더욱 필요하다. 역으로, 장시간 집중할 수 있는 능력이 충분히 있다면, 당신은 어떠한 어려운 일도 완수해 낼 수 있다.

. 오늘의 질문 .

나의 집중력 도둑 세 가지는 무엇인가?

자기 객관화 훈련

We judge others by their behavior.
We judge ourselves by our intentions.

Ian Percy

우리는 다른 사람들을 그들의 행동에 따라 판단한다.
우리는 스스로를 우리의 의도에 따라 판단한다.

이안 펄시

이안 펄시(?-): 미국의 작가, 동기부여 강사. 대표작은 《깊이 들어가기》(Going Deep)
이다.

- judge 판단하다   • intention 의도

우리는 자신을 대할 때와 다른 사람을 대할 때 다른 기준을 갖기 쉽다. 다른 사람에게 해를 끼쳐놓고는 원래 의도는 그게 아니었다고 말한다. 그럼 다른 사람의 행동도 의도까지 살피며 판단할까? 아니다. 우리는 그의 행동을 보고 판단할 수 있을 뿐이다.

나 자신의 행위도 객관적으로 보는 훈련을 해야 한다. 즉 의도가 아닌 행동에 따라 판단해야 한다.

. 오늘의 질문 .

결과에 대한 평소 나의 판단 기준은 무엇인가?
의도인가 행동의 결과인가?

Day 46   나의 장점을 적극적으로 찾아본 적이 있는가

Day 47   미래는 현재의 연장선이다

Day 48   왜 현재에 최선을 다해야 할까

Day 49   나는 멋진 사람인가?

Day 50   자신감은 노력의 결과

Day 51   집중적인 추진력이 필요한 순간

Day 52   역경은 시련이자 기회

Day 53   세상은 나의 장점에 관심이 많다

Day 54   결코 포기하지 않는 자

Day 55   멋진 삶을 위해서는 용기가 필요하다

Day 56   실패가 성공한 이유입니다

Day 57   세상을 깜짝 놀라게 하는 방법

Day 58   성취하라! 성취하라!

Day 59   행복이 들어오도록 문을 열어두어라

Day 60   스물넷의 새로운 시간이 내 앞에 있다

chapter 4

공부의
자신감

나의 장점을 적극적으로
찾아본 적이 있는가

Everyone excels in something
in which another fails.

Latin Proverb

누구나 다른 사람은 못하는 어떤 것에 뛰어나다.

라틴 속담

- excel 뛰어나다, 탁월하다
- fail 실패하다, 떨어지다, 부족하다

우리 모두는 남들보다 뛰어난 장점을 하나씩 가지고 있다. 중요한 것은 그 장점을 '적극적으로' 찾는 것이다. 스스로 적극적으로 탐구하고 찾아 나설 때만이 내가 가진 장점을 제대로 알 수 있다. '목소리가 좋다', '냄새 잘 맡는다', '운동신경이 좋다' '숫자 다루는 것을 좋아한다' 등 찾아보면 수도 없다. 안타까운 것은 많은 이들이 자신의 장점을 당연한 것으로 생각하여 장점으로 인식하지 못한다는 것이다.

. 오늘의 질문 .

남들은 잘 모르는 내가 가진 장점 한 가지는 무엇인가?

미래는 현재의 연장선이다

No valid plans for the future can be made by those
who have no capacity for living now.

Alan Watts

현재를 살아갈 능력이 없는 사람들은
미래에 대한 어떤 유효한 계획도 세울 수 없다.

앨런 왓츠

앨런 왓츠(1915-1973): 영국의 작가, 종교학자. 특히 서양 사람들에게 아시아의 불교, 도교, 그리고 힌두교 철학을 전하는 데 헌신했다.

- valid 유효한, 타당한
- capacity 능력, 용량

계획만 세우고 아무것도 하지 않는 것이 현재 상황인데, 미래라고 달라질까? 오늘 계획을 실행하지 않는데, 다음 시험의 성적이라고 달라질까? 지금 내가 해야 할 일을 하지 않으면서, 좋은 미래가 펼쳐질 것이라고 기대하는 것은 어리석다. 현재를 제대로 사는 사람만이, 지금보다 나은 미래를 꿈꿀 수 있다.

. 오늘의 질문 .

다음 시험 성적 향상을 위해서 지금 하고 있는 것은 무엇인가?

왜 현재에
최선을 다해야 할까

What is really momentous and all-important
with us is the present,
by which the future is shaped and colored.

John Greenleaf Whittier

우리에게 정말 중대하고 가장 중요한 것은 현재이다.

현재에 의해 미래가 형성되고 채색된다.

존 그린리프 휘티어

존 그린리프 휘티어(1807-1892): 미국의 시인. 독학으로 글을 배웠고 시를 통해 자유와
노예제 철폐를 주장했다.

- momentous 중대한, 중요한
- color 색, 채색, 채색하다

_____

_____

_____

_____

_____

_____

현재에 최선을 다해야 하는 이유는, 현재의 나의 행동이 나의 미래를 만들기 때문이다. 내가 원하는 미래를 만들고 싶다면 거기에 부합하는 현재를 살아야 한다. 내가 살 수 있는 것은 과거도 미래도 아닌, 바로 현재다.

. 오늘의 질문 .

내가 만들고 싶은 미래가 있는가?
그것을 위해 나는 지금 무엇을 하고 있는가?

나는 멋진 사람인가?

The happiest people in the world are those who feel
absolutely terrific about themselves, and this is the
natural outgrowth of accepting total responsibility
for every part of their life.

Brian Tracy

세상에서 가장 행복한 사람은 스스로를 정말 멋지다고 생각하는
사람인데, 이는 자기 삶의 모든 부분에 대한 완전한 책임을
받아들임으로써 얻게 되는 자연스러운 결과이다.

브라이언 트레이시

브라이언 트레이시(1944-): 캐나다의 컨설턴트, 작가. 컨설팅 회사 Brian Tracy
International의 회장.

- outgrowth 자연스러운 결과물, ~에서 자라난 것
- terrific 빼어난, 멋진

 멋짐은 어디에서 나오는 것일까?

자신의 일에 묵묵히 몰두하는 모습, 어려운 상황에서도 쉽게 포기하지 않는 모습, 노력 없이 얻으려 하지 않는 모습은 얼마나 멋진 모습인가. 이런 멋짐은 자신의 결정에 책임을 다함으로써 얻어지는 자연스러운 결과이며, 이는 스스로에게 무한한 자부심을 느끼게 한다.

. 오늘의 질문 .

나는 어떻게 멋진 사람인가?

자신감은 노력의 결과

Confidence doesn't come out of nowhere.
It's a result of something hours and days and weeks
and years of constant work and dedication.

Roger Staubach

자신감은 어디선가 불쑥 나타나지 않는다.
그것은 수시간, 수일, 수주, 수년에 걸친 끊임없는
노력과 헌신의 결과이다.

로저 스타우바흐

로저 스타우바흐(1942-): 미국의 미식축구 선수. 댈러스 카우보이 소속으로 NFL 명예의
전당에 오른 전설적인 쿼터백.

• come out of nowhere (어디선가) 불쑥 나타나다
• constant 끊임없는, 변함없는
• dedication 헌신, 전념

자신감은 '자신감을 갖겠어'라고 마음먹는다고 생기는 것이 아니다. 예를 들어, 남들 앞에서 어떤 주제로 10분간 발표를 해야 한다고 가정해보자. 이때 발표문을 완벽하게 외우고 예행연습을 수십 차례 반복한다면, 자신감이 생기지 않을 수 있을까? 대부분의 일이 그렇다. 자신감은 이런 노력의 결과로 자연스럽게 따라오는 것이다.

. 오늘의 질문 .

내가 지금 갖고 싶은 자신감은 무엇인가?
이를 위해 내가 해야 할 행동 한 가지는?

집중적인 추진력이
필요한 순간

Success requires first expending ten units of effort to produce one unit of results. Your momentum will then produce ten units of results with each unit of effort.

Charles J. Givens

성공은 처음 한 단위의 결과물을 생산해 내기 위해
열 단위의 노력을 들일 것을 요구한다. 그러고는 당신의 추진력은
각 단위의 노력으로 열 단위의 결과물을 생산해 낼 것이다.

찰스 J. 기븐스

찰스 J. 기븐스(1941-1998): 미국의 작가, 컨설턴트. 1980년대 미국에서 가장 유명한 대중 강연가 중 한 명.

• momentum 가속도, 추진력, 기세

처음에 책 한 권을 끝내는 데에는 석 달이 걸리지만, 두 번째 볼 때는 두 달이면 가능하다. 세 번째에는 한 달이면 끝낼 수 있고, 나중에는 한 주, 몇 시간에도 끝낼 수 있다. 문제는 들인 노력과 시간에 비해 성과가 더딜 때, 그걸 견디며 에너지를 쏟을 수 있느냐다. 지구 주위의 궤도에 위성이 진입하기 위해서는 강하고 집중적인 추진력이 필요하다. 궤도에 진입한 위성은 더 이상의 에너지 없이도 지구 주위를 돌게 된다.

. 오늘의 질문 .

내가 지금 집중적인 추진력을 쏟아야 할 것은 무엇인가?

역경은 시련이자 기회

Adversity has the effect of eliciting talents,
which in prosperous circumstances would have
lain dormant.

Horace

역경은 순조로운 상황이라면
잠재되어 있을 재능을 끌어내는 효과를 가지고 있다.

호라티우스

호라티우스(65-8 BC): 로마의 시인. 고대 로마의 가장 유명한 시인 중의 하나.

- adversity 역경, 불운 • elicit 끌어내다, 이끌어내다
- prosperous 번영한, 번창한
- dormant 잠재한, 수면 상태의

역경은 시련이기도 하지만, 기회의 순간이기도 하다. 역경을 벗어나기 위해 다양한 시도를 하다 보면, 그 과정에서 새로운 나를 만날 수도, 잠재된 재능을 만날 수도 있다. 약한 체력(역경)을 키우기 위해 운동을 시작했는데, 은근히 균형감각이 있는 나를 만날 수 있다.

그렇다면 중요한 것은 무엇인가. 역경에 굴복하지 않는 마음이고, 역경을 극복하기 위한 다양한 시도이다.

. 오늘의 질문 .

역경에서 순조로운 상황이라면 몰랐을 어떤
재능을 만난 적이 있는가?

세상은 나의 장점에
관심이 많다

Take full account of what excellencies which you
possess, and in gratitude remember how you would
hanker after them, if you had them not.

Marcus Aurelius

당신이 지니고 있는 장점을 최대한으로 고려해 보아라.
그리고 감사하는 마음으로, 만약 그러한 장점을 가지지 못한다면
당신이 얼마나 그것들을 갈망할지를 기억하라.

마르쿠스 아우렐리우스

마르쿠스 아우렐리우스(121-180): 로마의 황제, 철학자. 로마의 최고 전성기를 이끈 5현
제(五賢帝)의 마지막 황제였으며, 《명상록》을 남겼다.

- take account of ~을 고려하다
- excellence 뛰어남, 탁월함, 장점
- hanker 갈망하다

당신은 하루에 몇 번이고 스스로의 단점에 신경 쓰지만, 세상은 당신의 단점보다 장점에 관심이 훨씬 많다. 기업이나 조직, 그리고 사회는 당신이 가진 장점으로 세상에 어떤 기여를 할 수 있을지가 궁금하다. 그러니 단점에 신경 쓰느라 위축될 것이 아니라, 장점에 감사하면서 이를 갈고 닦아야 한다. 그래야 성공할 수 있다.

. 오늘의 질문 .

나의 장점 세 가지는 무엇인가?

결코 포기하지 않는 자

It's hard to beat a person who never gives up.

Babe Ruth

결코 포기하지 않는 자를 이기는 것은 너무나도 어렵다.

베이브 루스

베이브 루스(1895-1948): 미국의 야구선수. 미국 메이저리그의 전설적인 홈런왕. 그는 미국에서 가장 위대한 스포츠 선수 중 한 명으로 평가받고 있다.

- beat 이기다, 세게 때리다, 두드리다
- give up 포기하다

어려움은 누구에게나 또 어떤 일에나 있다. 간단한 것이라도 시작해서 마무리 짓는 일이 어디 쉬운 일인가? 우리는 그 과정에서 크든 작든 어려움이나 장애물을 만나기 마련이고, 중요한 것은 그때 포기하지 않는 것이다. 물론 결과물은 좋을 수도, 좋지 않을 수도 있다. 설령 결과가 좋지 않더라도 그것이 뭐가 문제인가.

. 오늘의 질문 .

포기하지 않고 장애물에 맞서 본 적이 있는가?

멋진 삶을 위해서는
용기가 필요하다

Life shrinks or expands in proportion to
one's courage.

Anais Nin

삶은 스스로의 용기에 비례하여 줄어들거나 커진다.

아나이스 닌

아나이스 닌(1903-1977): 쿠바 출신의 프랑스 작가. 대표작은 영화로도 제작된 《헨리와 준》(Henry and June) 이 있다.

- shrink 줄어들다, 오그라들다   • expand 확대되다, 커지다
- in proportion to ~에 비례하여
- courage 용기, 담력

하고 싶은 것을 실행에 옮기는 삶이 멋진 삶이다. '과연 내가 잘할 수 있을까', '괜히 시간만 버리고 창피만 당하지는 않을까', '며칠 하다가 그만두지 않을까' 등의 부정적인 생각에 사로잡혀 있다면 당신의 삶은 아주 자그마한 공간에 갇혀 지내다가 끝나버릴 것이다. 용기를 내어 더 큰 세상으로 나아가자.

• 오늘의 질문 •

지금 나에게 필요한 용기는 무엇인가?

실패가 성공한 이유입니다

I've missed more than 9000 shots in my career.
I've lost almost 300 games. 26 times, I've been trusted
to take the game-winning shot and missed.
I've failed over and over and over again in my life.
And that is why I succeed.

Michael Jordan

나는 내 경력에서 9,000번 이상의 슛을 놓쳤습니다.
거의 300번의 경기를 졌습니다. 26번이나 게임을 결정짓는 슛을
맡았지만 실패했습니다. 나는 인생에서 거듭거듭 실패했습니다.
그리고 그것이 제가 성공한 이유입니다.

마이클 조던

마이클 조던(1963-): 미국의 농구선수. 농구 역사상 가장 위대한 선수로 평가받으며,
1980-90년대 NBA의 세계화를 이끌었다.

• over and over again 반복해서, 거듭거듭

―――――――――――――――――――――――――――――――――――――

―――――――――――――――――――――――――――――――――――――

―――――――――――――――――――――――――――――――――――――

―――――――――――――――――――――――――――――――――――――

―――――――――――――――――――――――――――――――――――――

―――――――――――――――――――――――――――――――――――――

―――――――――――――――――――――――――――――――――――――

무엇을 하든 실패를 거듭하기 마련이다. 수도 없이 넘어지고 나서
야 우리는 능숙하게 자전거를 탈 수 있다. 그래서 마이클 조던은 "실패
를 거듭했기 때문에 성공했다"라고 말한 것이다. 실패를 거듭하는 것
이 성공으로 가는 지름길이다. 실패를 두려워하거나 거부하면서 어떤
결과를 내는 것은 불가능하다.

. 오늘의 질문 .

최근의 실패를 떠올려보자.
그 실패에서 배운 것은 무엇인가?

세상을 깜짝
놀라게 하는 방법

Your time is limited, so don't waste it living someone else's life. Don't be trapped by dogma which is living with the results of other people's thinking.

Steve Jobs

시간은 한정되어 있으니, 다른 사람의 인생을 사느라 낭비하지 마십시오. 다른 사람들 생각의 결과에 따라 살아가는 도그마(독단적 견해)에 갇히지도 마십시오.

스티브 잡스

스티브 잡스(1955-): 애플의 공동창업주. 메킨토시를 통해 PC 시장을 개척했으며, 아이폰을 통해 현재의 모바일 시대를 열었다.

- trap 가두다
- dogma 교조, 독단적 주장

🌿 세상 사는 데에 정답은 없다. 누구나 가야 하는 길이 있는 것도 아니다. 생각이 다르고, 취향도 다르고, 하고 싶은 것도 다 다르기 때문에 내가 내 인생의 주인공이 되어 살아가야 한다. 다른 사람의 기대나 생각에 얽매이는 것은 시간 낭비다. 스스로 굳건하게 주체적인 삶을 살도록 노력하자. 이것이 세상을 깜짝 놀라게 하는 방법이다.

. 오늘의 질문 .

나는 무엇으로 세상을 깜짝 놀라게 하고 싶은가?

성취하라!
성취하라!

Think of yourself as on the threshold of unparalleled success. A whole, clear, glorious life lies before you. Achieve! Achieve!

Andrew Carnegie

비할 데 없는 성공의 문 앞에 있다고 생각하라.

온전하고, 명확하고, 영광스러운 삶이 당신 앞에 펼쳐져 있다.

성취하라! 성취하라!

앤드류 카네기

앤드류 카네기(1835-1919): 미국의 기업인. 스코틀랜드계 이민자 출신. 철강업으로 19세기 미국 최고의 부자가 되었으며 말년에는 재산의 90% 이상을 사회에 환원했다.

- threshold 문턱, 문지방
- unparalleled 비할 데 없는, 전대미문의

지금 읽고 있는 책 한 권, 그리고 지금 풀고 있는 한 문제가 여러분의 빛나는 미래를 위한 중요한 한 걸음이 될 것이다. 지루하고 별 의미없어 보일 수도 있지만, 지금 하고 있는 노력 하나하나가 결국은 멋진 인생을 만들어 낼 것이다.

"온전하고, 명확하고, 영광스러운 삶이 당신 앞에 펼쳐져 있다. 성취하라! 성취하라!"

. 오늘의 질문 .

당신이 올해 성취하고 싶은 것 한 가지를 적어보자.

행복이 들어오도록
문을 열어두어라

Happiness often sneaks in through a door
you didn't know you left open.

John Barrymore

행복은 종종 당신이 열어둔지도 몰랐던
문을 통해 살금살금 들어온다.

존 베리모어

존 베리모어(1882-1942): 미국의 영화배우. 무성 영화 시대 스타. 아역 출신의 여배우 드루 베리모어의 할아버지.

• sneak 살금살금 들어오다[나가다]

🌿 친절을 베풀면, 그 친절은 언젠가는 갑절이 되어 돌아온다. 왜냐하면, 친절을 갚으려고 사람들이 기회를 노리고 있기 때문이다.

그러나 평소에 야박하게 군다면 생각지도 못한 어려움에 부딪히는 경우가 자주 생긴다. 왜냐하면, 당신으로 인해 냉대를 받았던 사람들이 복수할 기회를 노리고 있기 때문이다.

. 오늘의 질문 .

올해가 가기 전에 도달해야 할 목표는 무엇인가?
그 목표 달성을 위해 오늘 내가 뿌릴 씨앗은 무엇인가?

스물넷의 새로운 시간이
내 앞에 있다

Waking up this morning, I smile.
Twenty-four brand new hours are before me.
I vow to live fully in each moment
and to look at all beings with eyes of compassion.

Thich Nhat Hanh

오늘 아침에 일어나서 나는 미소 짓습니다.

스물넷의 새로운 시간이 내 앞에 있습니다.

나는 매 순간을 온전히 살고, 모든 존재를 연민의 눈으로

바라보겠다고 맹세합니다.

틱 낫 한

틱 낫 한(1926-2022): 베트남의 불교 승려, 평화운동가. 세계 3대 생불 중 한 명이었으며, 한국에도 세 차례 방문한 적이 있다. 한국에서는 그의 저서 《화》가 유명하다.

- brand new 완전 새것인
- vow 맹세하다
- compassion 연민, 동정심

스물넷의 새로운 시간이 내 앞에 있다. 어제 어떤 일이 있었든, 현재 나의 상태가 어떻든, 그것과는 상관없이 새로운 오늘이 온전하게 나를 기다리고 있다. 그 하루를 어떻게 채워나가느냐는 오롯이 나의 몫이다.

. 오늘의 질문 .

내 앞에 펼쳐진 오늘 하루를 나는 무엇으로 채울 것인가?

공부의 힘(영어명언 편)

2025년 3월 10일 초판 1쇄 인쇄
2025년 3월 17일 초판 1쇄 발행

지은이 | 최용섭
펴낸이 | 이병일
펴낸곳 | 더메이커
전 화 | 031-973-8302
팩 스 | 0504-178-8302
이메일 | tmakerpub@hanmail.net
등 록 | 제 2015-000148호(2015년 7월 15일)

ISBN | 979-11-87809-58-6 (43190)

영어명언수집가 최용섭 교수가 엄선한 단단한 공부 명언 60표

공부의 힘

영어명언 편